INTIMIDAD

Espacio para un Mensaje Personalizado

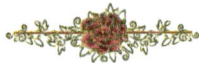

Intimidad: Un Poema de Adoración

COLECCIÓN DE POESÍA I

Escrito por Macarena Luz Bianchi

Diseñado por Zonia Iqbal

Para recibir un libro electrónico gratis, contenido exclusivo, más maravillas, bienestar y sabiduría, suscríbete al boletín *Lighthearted Living* en MacarenaLuzB.com y mira sus otros poemas, libros y proyectos.

ISBN: Tapa Dura: 978-1-954489-52-3 | Tapa Blanda: 978-1-954489-51-6

Imprint

Spark Social, Inc. es una imprenta en Miami, FL, USA, SparkSocialPress.com

Información sobre pedidos: Hay licencias disponibles, libros personalizados y descuentos especiales en las compras de cantidades. Para más detalles, póngase en contacto con la editorial info@sparksocialpress.com.

INTIMIDAD

Un Poema de Adoración

COLECCIÓN DE POESÍA I

Macarena Luz Bianchi

Imprint
Spark Social Press

Te quiero a ti
y a nuestra intimidad.

Nadie más comparte este lado de mí.

Tiernos y juntos, somos mejores.

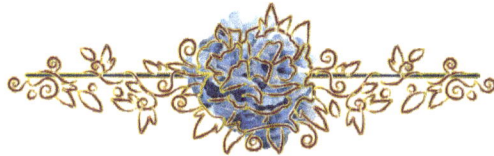

Amantes íntimos y juguetones.

Cada vez más conectados
y adorables.

Todo tú y todo yo,
seguros y elevados.

Eligiendo el uno al otro,
cada momento de cada día.

Tu amor y nuestra pasión
me emocionan,

y siguen llenándome de intimidad.

I.N.T.I.M.A.C.Y.

A POEM OF ADORATION

I love you and our intimacy.

No one else shares this side of me.

Tender and together we're better.

Intimate and playful lovers.

More and more connected and adoring.

All of you and all of me, safe and soaring.

Choosing each other, every moment of each day.

Your love and our passion thrill me and continue

to fill me, with intimacy.

ॐ☙౷ॐ

INTIMIDAD

Te quiero a ti y a nuestra intimidad.

Nadie más comparte este lado de mí.

Tiernos y juntos, somos mejores.

Amantes íntimos y juguetones.

Cada vez más conectados y adorables.

Todo tú y todo yo, seguros y elevados.

Eligiendo el uno al otro, cada momento de cada día.

Tu amor y nuestra pasión me emocionan,

y siguen llenándome, de intimidad.

᭪᭬᭬᭭

¡Gracias!

Inspírate & Mantente Conectado

Para recibir un libro electrónico gratis, contenido exclusivo, más maravillas, bienestar y sabiduría, suscríbete al boletín *Lighthearted Living* en MacarenaLuzB.com y mira sus otros poemas, libros y proyectos. ✨

Agradezco tus Comentarios

Si te gusta este libro, revísalo para ayudar a otros a descubrirlo. Si tienes algún otro comentario, déjanos saber en info@macarenaluzb.com o en la página de contacto en MacarenaLuzB.com. Nos encantaría saber de ti y saber qué temas deseas en los próximos libros. 🌻

Sobre la Autora

Macarena Luz Bianchi tiene un enfoque alegre y empoderador y sus lectores la consideran cariñosamente como Hada Madrina. Más allá de su colección de libros de regalo y poemas, también escribe guiones, ficción y no ficción para adultos y niños. Le encanta el té, las flores y los viajes.

Suscríbete a su boletín *Lighthearted Living* para obtener un libro electrónico gratuito y contenido exclusivo en MacarenaLuzB.com y síguela en las redes sociales. 💗

Macarena Luz Bianchi

Libros de Regalo

COLECCIÓN DE POESÍA I

- *Asombrosa Mamá: Un Poema de Agradecimiento*
- *Enhorabuena: Un Poema de Triunfo*
- *Feliz Aniversario: Un Poema de Afecto*
- *Feliz Cumpleaños: Un Poema de Celebración*
- *Feliz Graduación: Un Poema de Logros*
- *Intimidad: Un Poema de Adoración*
- *La Amistad: Un Poema de Apreciación*
- *La Gratitud Es: Un Poema de Empoderamiento*
- *Mejórate Pronto: Un Poema de Acompañamiento*
- *Querido Papá: Un Poema de Admiración*
- *Ser Extraordinario: Un Poema de Autoestima*
- *Simpatía: Un Poema de Consuelo*
- *Valentín: Un Poema de Amor*

También disponibles para niños y adolescentes.
Versión en inglés: Gift Book Series.